Ja, ICH GRILL!

MIT HOLZKOHLE & BRIKETTS

EMF

EIN BUCH DER
EDITION MICHAEL FISCHER

Inhalt

Grundlagen

DER HOLZ-
kohlegrill

Der Klassiker unter den Grills: Er erzeugt ein einzigartiges Aroma und jenen rauchigen Geschmack, wie man ihn seit jeher vom Garen über offener Glut her kennt. Allerdings ist die Handhabung wesentlich aufwendiger als bei einem Gas- oder Elektrogrill. Die Kohle muss zu Beginn mit flüssigem oder festem Grillanzünder, Heißluftgebläse oder Anzündkamin erst in Fahrt und dann auf die gewünschte Grilltemperatur gebracht werden. Das braucht Zeit und erzeugt mitunter einiges an Rauch. Die Temperatur ist nur schwer zu kontrollieren, und man benötigt etwas Erfahrung, um die Hitzestrahlkraft der Holzkohle richtig einschätzen zu können. Wer aber unkomplizierte Gerichte zubereiten möchte, wie z.B. Würste, Schweinesteaks oder Gemüse im Alupäckchen, Improvisation reizvoller findet als Perfektion und Wert auf den einen unverwechselbaren Geschmack legt, der ist mit solchen Geräten richtig beraten.

Die Auswahl erstreckt sich von simplen Einfachgrills bis hin zu Luxusgrills für mehrere hundert Euro. Es gibt Kugelgrills für direktes bzw. indirektes Grillen und zum Smoken, Schwenkgrills mit rotierendem Rost, solche mit Rädern, Beinen oder Mittelstandfuß, aber auch handliche Exemplare zum Tragen. Am hochwertigsten sind Grills aus Edelstahl oder Gusseisen, die unempfindlich gegen Rost sind und auch nach längerem, intensivem Gebrauch kaum Abnutzungserscheinungen zeigen.

|KUGELGRILL|

Der Kugelgrill ist nach dem einfachen Holzkohlegrill das beliebteste Gerät. Bei aufgelegtem Deckel wirkt die eingefangene Hitze mit auf das Gargut ein, und man hat etwa dieselbe Anwendungsbandbreite wie bei einem Backofen. Außerdem gart er sehr schonend. Ein weiterer Vorteil besteht darin, dass man den Deckel nicht permanent auflegen muss, sondern z.B. zum Kurzbraten auch geöffnet lassen kann. Je nach Größe hat man die Möglichkeit, eine direkte und indirekte Grillzone nebeneinander einzurichten, was verschiedene Zubereitungsarten zur gleichen Zeit ermöglicht.

KERAMIKGRILL

Im Prinzip die Hightech-Version des Kugelgrills. Der Keramikgrill ist hauptsächlich zum Garen bei geschlossenem Deckel gedacht und wird mit Holzkohle betrieben. Man kann damit grillen, backen, kochen und räuchern. Er ist auch als Smoker nutzbar. Besondere Vorteile: Die Hitze ist für den Bereich zwischen 70 und 400 °C einstellbar und hält sich stundenlang. Trotzdem ist der Kohleverbrauch nur sehr gering. Die Nachteile: hohes Gewicht, hoher Anschaffungspreis, lange Aufheizphase und eine ebenso lange Abkühlphase. Keramikgrills sind nichts für schnelle Steaks, sondern etwas für einen langen Nachmittag oder gemütlichen Abend mit open end.

GRILLRING

Es handelt sich um eine Art runde Feuerschale mit Rost. In der Mitte brennt ein Feuer, das z. B. aus Holzscheiten bestehen kann. Auf dem etwa fensterbankbreiten Rund um das Feuer herum wird gegart, sodass die Grillfläche insgesamt groß ausfällt. Einsetzbar für alle Grillzubereitungen, die direkte Hitze verlangen und ohne Deckel auskommen. Der besondere Reiz bei diesem Gerät besteht in der Ästhetik seiner Form, die eher gehobene Designansprüche erfüllt, als rustikale Gemütlichkeit verbreitet. Er wird sofort zum Mittelpunkt, weil man sich wie um ein Lagerfeuer um ihn herumsetzt. Wer mit von der Partie ist, kann bequem vom eigenen Platz aus das Grillgut auf die Hitze legen und es so zubereiten, wie und wann er es für sich allein möchte. Ideal auf möblierten Terrassen und bei festlichen Anlässen. Mit einem glatten Spachtel ist der Ring einfach und schnell zu reinigen.

OFFENE FEUERSTELLE

Als vor Urzeiten die Menschen gelernt hatten, Feuer zu erzeugen, nutzten sie zum Garen offene Feuerstellen. Diese archetypische Zubereitungsart hat bis heute nichts von ihrem Reiz verloren. Eine Mulde in der Erde reicht aus, um dort mit Holz ein Feuer zu unterhalten. Soll gegrillt werden, reichen schon ein dreibeiniger Grillrost oder ein stativhohes Dreibein mit anhängendem Topf oder Schwenkrost über den Flammen, und schon kann es losgehen. Gerade weil es bei dieser Methode an Perfektion fehlt, um etwa auf die Temperatur Einfluss zu nehmen, und man aufpassen muss, dass die Wurst am einen Ende nicht verkohlt und am anderen noch roh bleibt, ist das Grillvergnügen meist besonders groß. Es hat noch etwas Ursprüngliches, und man kann eine kleine Atempause von den technischen Anforderungen in den meisten anderen Lebensbelangen einlegen. Nach dem Essen kann es weitergehen: Erneut etwas Holz auflegen, dann wird aus der Grillglut ein romantisches Lagerfeuer.

KOHLE UND *Holz*

Holzkohle oder Briketts? Eine Frage, die jedes Jahr aufs Neue in der Grillsaison gestellt wird und zu hitzigen Diskussionen führen kann. Doch welche Art von Kohle benötigt wird, hängt von der Wahl des Grills und des Grillguts ab. Je nachdem sollte entschieden werden, womit man seinen Grill befeuert.

HOLZKOHLE

Wer mit Holzkohle grillt, erhält dadurch das einzigartige BBQ-Feeling. Auch bei der Kohle lohnt sich ein Blick auf Herkunft und Qualität – wie es am Geschmack des Grillgutes deutlich wird. Mit Holzkohle wird die ideale Glut und somit eine starke und gleichmäßige Hitze erzeugt. Sie liegt bei ca. 600–700 °C – ideal für Steaks und Kurzgebratenes. Der Nachteil besteht darin, dass das Material schnell verglüht. Es muss immer wieder nachlegt werden, um die Temperatur konstant zu halten.

BRIKETTS

Briketts bestehen in der Regel aus maschinell gepresstem Holzkohlestaub. Sie haben eine einheitliche Form und zeichnen sich durch eine hohe Dichte aus. Aus diesem Grund brennen sie deutlich langsamer als andere Brennerzeugnisse, wie z. B. Holzkohle, halten aber dafür die Hitze auch länger und konstant. Zwischen Holzkohle und Briketts gibt es somit klare Unterschiede: Holzkohle erzeugt eine sehr hohe Hitze, verglimmt aber schnell. Briketts hingegen halten deutlich länger durch, werden aber nicht ganz so heiß und bieten sich daher für die etwas dickeren Teilstücke auf dem Rost an.

HOLZ

Holz und Produkte wie Chips oder Sägemehl werden zum Garen und Aromatisieren verwendet. Für offene Flammen bzw. ein richtiges Feuer wird ohnehin Holz verwendet. Es sollte trocken sein, denn nasses Material bildet sehr viel unerwünschten Qualm. Auch Briketts sollten trocken sein, da sie sonst viel Rauch und Ruß bilden. Andere Produkte aus der Natur, z. B. Eicheln, Zapfen von Tannen, Erlen und Kiefern, Wacholderzweige und -beeren sowie Bucheckern können ebenfalls eingesetzt werden, aber nur in geringeren Mengen. Ob und wie lange sie gegebenenfalls angefeuchtet werden, unterliegt der Experimentierfreude des einzelnen Grillers.

HOLZSCHEITE KLEIN: Ideal zum Anzünden, brennen schnell und haben eine gute Glutverteilung. Perfekt für den Kugelgrill.

HOLZSCHEITE GROSS: Bester Brennstoff für Smoker, aber auch geeignet für offenes Grillen, Lagerfeuer und zur Holzkohleherstellung.

CHIPS: Chips erzeugen beim Gas- und Holzkohlegrill das gewünschte Räucheraroma. Sie werden nicht direkt in die Glut gegeben, sondern in Räucherboxen in die Glut gestellt.

HOLZMEHL UND SÄGESPÄNE: Beides sehr feine Holzspäne, 1–4 mm groß, zum Kalt- und Heißräuchern. Auch bei Tischgeräten eignen sich diese Produkte zur Raucherzeugung.

KOKOS-BRIKETTS: Aus Kokosnussschalen hergestellt, brennen lange und gleichmäßig. Auch bestens zum Anzünden geeignet.

HERSTELLUNG

Es gibt zahllose Holzkohleprodukte auf dem Markt. Um 10 kg Holzkohle herzustellen, benötigt man etwa 100 kg Holz. Die Holzkohle wird nach der traditionellen Methode in Meilern oder in speziellen Öfen hergestellt. Günstige Ware wird meist im Schnellverfahren hergestellt und kann belastetes Altholz enthalten. Außerdem

erzeugt sie meist keine Spitzentemperaturen, verglüht relativ schnell und kann ungesunde Stoffe freisetzen, die auf das Grillgut einwirken. Sogenannte Premiumware besteht meist aus Buchenholz, weil es für das beste Aroma sorgt. Dieses stammt aus heimischer Herstellung und anderen Ländern, wie etwa Südamerika. Dazu zählt auch Regenwaldholz, vor dem aber nicht nur Umweltverbände dringend warnen. Aus ökologischen Gründen wird ohnehin von Importholz, das weite Wege zurücklegen muss, abgeraten.

FÜR DIE REINIGUNG

Die Reinung nach dem Grillgenuss ist besonders wichtig für die lange Lebensdauer Ihres Grills und sollte daher nicht vernachlässigt werden. Wenn die Kohle ausgekühlt ist, sollte sie schnellstmöglich entfernt werden, da Asche Feuchtigkeit anzieht und diese den Grillinnenraum rosten lässt. Mit einem **Handbesen** und einer **Schaufel** kann die erkaltete Asche in einem **Aschebehälter** einfach herausgeholt und entsorgt werden. Mit einer **Grillbürste,** meist aus Messing- oder Edelstahlborsten, können Rost und Grillplatten von Speise- und Fettresten befreit werden. Auch ein Reinigungskissen aus **Stahlwolle** und Fettlösemittel können gute Dienste bei der Reiniung leisten.

ANZÜND-*hilfen*

Um Kohle oder Holz in Glut zu versetzen, braucht man Anzündhilfen. Die nachfolgend genannten gelten als sicher und zuverlässig:

ANZÜNDWÜRFEL: Bestehen meist aus gepresstem Holz und Pappe. Ideal für Holzkohle und Briketts. Ökobewusste Griller legen Wert auf Bioware und DIN CERTCO-Zertifizierung (Konformitätsbewertung).

GLÜHSPIRALE: Voraussetzung ist ein Stromanschluss. Die Spirale wird in die Holzkohle gelegt, mit Kohle überdeckt und eingeschaltet. Nach 20–30 Minuten ist der Grill bereit.

HEISSLUFT-GRILLFÖHN: Ist ein Stromanschluss vorhanden, kann man damit bereits entzündete Holzkohle oder Briketts schnell zum Durchglühen bringen. Die Geräte führen dem Brennmaterial Sauerstoff und Temperaturen bis zu 500 °C zu. Vorsicht bei der Anwendung: Es kann Funken- und Ascheflug entstehen.

HOLZWOLLEBÄLLCHEN: Meist in Wachs getränkt. Eignen sich gleichermaßen für Holz, Holzkohle und Briketts.

FLÜSSIGE ANZÜNDER: Es gibt spezielle Produkte, die für den Grillbetrieb entwickelt wurden. Die kalte Kohle wird damit oberflächlich eingefeuchtet und entzündet. Dabei entstehen zunächst Flammen, anfangs mit einer besonderen gasigen Geruchsentwicklung verbunden. Beim Umgang damit ist Vorsicht geboten.

ANZÜNDKAMIN: Dabei handelt es sich um ein kurzes Rohrstück von ca. 40 cm Länge und 15 cm Durchmesser. Es wird mit Briketts oder Holzkohle gefüllt und von unten mit einer der hier erwähnten Anzündhilfen entzündet. Dann am besten auf ein Gitter oder einen Rost stellen. Durch den von unten nach oben durchziehenden Sauerstoff wird der Inhalt in kurzer Zeit vollständig in Glut versetzt. Anschließend im Grill verteilen.

> **TIPP**
>
> *Als Anzündhilfen dürfen auf keinen Fall chemische Beschleuniger, Brennspiritus, Benzin oder andere möglicherweise hochexplosive Flüssigkeiten verwendet werden. Sie sind in der Handhabung sehr gefährlich und können zu Verletzungen führen oder die Gesundheit anderweitig beeinträchtigen. Auf den unappetitlichen Beigeschmack, den sie abgeben, kann ohnehin verzichet werden.*

SINNVOLLES
Equipment

FISCHHALTER: Lässt den Fisch auf dem Grill stehen, ist aber auch praktisch zum Räuchern.

GEMÜSEKORB: Metallkorb mit Löchern. Darin lässt sich Gemüse, aber auch Fleisch, direkt grillen.

GRILLHANDSCHUH: Zum Schutz der Hand ist ein Handschuh aus Leder oder feuerfestem Textil beim Grillen sehr zu empfehlen.

GRILLKORB: Kleines Grillgut kann schnell und unkompliziert gewendet werden – noch praktischer mit Griff!

GRILLPLATTE: Wenn auf dem Grill etwas gebraten werden soll, ist eine Grillplatte perfekt. Es gibt sie meist mit einer glatten und einer geriffelten Oberseite.

GRILLSCHALEN: Darin kann empfindliches Grillgut indirekt gegrillt werden. Außerdem können sie als Tropfschalen verwendet werden. Beim direkten Grillen verhindert eine Grillschale, dass Fleischsaft oder Öl in die Glut tropfen und möglicherweise schädliche Stoffe entstehen.

GRILLTHERMOMETER: Um die Kerntemperatur zu bestimmen, und damit den perfekten Gargrad, ist ein Grillthermometer unverzichtbar.

GRILLZANGE: Zange zum Wenden von Grillgut.

HOLZKOHLEKÖRBE: Um indirekt grillen zu können, sind Holzkohlekörbe eine praktische Anschaffung. Sie werden mit den glühenden Kohlen oder Briketts befüllt und an der richtigen Stelle im Grill platziert. So lässt sich die Position der direkten Hitze leicht verschieben.

KOHLEZANGE: Zum Nachlegen von Kohlen, Briketts oder Holz. So macht man sich nicht schmutzig und bleibt in sicherer Entfernung zum Feuer.

PIZZASTEIN: Pizza gelingt bei hoher Hitze am besten, deshalb ist Pizza auf dem Grill mit einem Pizzastein aus Schamott einfach perfekt.

PÖKELSPRITZE: Um Marinaden oder Salzlaken ins Fleisch zu spritzen.

RÄUCHERBOX: Mit Räuchermaterial gefüllt, aromatisiert sie das Grillgut. Sie sollte aus Edelstahl oder Gusseisen bestehen.

RÄUCHERSCHALE: Genauso wie die Räucherbox zum Aromatisieren von Grillgut, allerdings wird sie direkt auf der Glut platziert.

SPIESSE: Aus Holz oder Metall, Holzspieße am besten vor der Benutzung etwa 2 Stunden in Wasser einweichen.

Rezepte

BEEF *steak* BURGER

> Zum Reinbeißen gut! Für den großen Burger-Hunger sind diese rustikalen Exemplare mit leckerer Sauce wie geschaffen.

Temperatur: 260 °C direkt/indirekt | mit geschlossenem/offenem Deckel

ZUTATEN
4 Portionen

SAUCE
1 Eigelb
1 TL Dijon-Senf
1 EL Essig
1 TL Zucker
125 ml Sonnenblumenöl
1 Schalotte
2 Cornichons
2 EL BBQ-Sauce
2 Msp. geräuchertes
 Paprikapulver
1 EL Zitronensaft
Salz und Pfeffer

GARNITUR
2 Ochsenherztomaten
1 Handvoll Baby-Spinat
2 Zwiebeln
Sonnenblumenöl

BURGER
4 Roastbeefsteaks/
 Rumpsteaks (je 150 g)
2 EL Rapsöl
4 Burger-Buns (Brötchen)
Salz und Pfeffer

ZUBEREITUNG

Für die Sauce Eigelb, Senf, Essig und Zucker verrühren, dabei in einem dünnen Strahl das Öl zufügen und unterschlagen, bis eine Mayonnaise entsteht. Schalotte schälen. Schalotte und Cornichons sehr fein würfeln und mit den restlichen Zutaten unter die Mayonnaise rühren.

Für die Garnitur die Tomaten waschen, ggf. Stängelansätze herausschneiden. Tomaten in Scheiben schneiden, Spinatblätter waschen, verlesen und trocken schleudern, Zwiebeln schälen und in Ringe schneiden. Beiseitestellen.

Den Grill auf 260 °C direkte und indirekte Hitze vorbereiten.

Die Steaks leicht mit Rapsöl einstreichen, auf den Rost legen und von beiden Seiten 3 Minuten grillen, anschließend 5 Minuten in die indirekte Zone legen, die Hitze reduzieren. Inzwischen Burger-Brötchen aufschneiden und auf dem noch heißen Rost anrösten, Zwiebelringe mit etwas Öl, Salz und Pfeffer mischen und in einer Grillschale mitgrillen, bis sie bräunen.

Das Roastbeef in dünne Tranchen schneiden, diese mit den gegrillten Zwiebelringen in einer Schüssel vermischen, mit Salz und Pfeffer würzen. Die Sauce auf die Brötchenhälften geben und verteilen, mit Baby-Spinat, Tomatenscheiben und den Fleisch-Tranchen aufschichten. Mit Sauce und Brötchen abschließen.

BEER *Brats*

> *Im Bier-Zwiebel-Sud laufen Grillwürste aller Art zur Hochform auf und werden
> herrlich saftig und würzig!*

Temperatur: 220 °C direkt | mit geschlossenem/offenem Deckel

ZUTATEN
4 Portionen

1 kleines Bund Thymian
2 l Bier (helles Lager)
60 g Butter
1 EL Brühe (Pulver)
4 große Gemüsezwiebeln
1,2 kg gemischte Grillwürste
Salz und Pfeffer

AUSSERDEM
1 große Grillpfanne

ZUBEREITUNG

Den Grill für 220 °C direkte Hitze vorbereiten.

Thymian gründlich waschen und trocken schütteln. Bier, Butter
und Thymian in eine große Grillpfanne geben und auf dem Grill
zum Kochen bringen, gekörnte Brühe zufügen.

Zwiebeln schälen, in Ringe schneiden und mit in die Grillpfanne
geben. Das Ganze in etwa 20 Minuten einkochen lassen. Grillpfanne vom Rost nehmen und beiseitestellen.

Jetzt die Grillwürste auflegen und grillen. Die fertig gegrillten
Würste zum Bier-Zwiebel-Sud in die Pfanne geben und diese
nochmals 10 Minuten auf den Grill stellen, um alles erneut auf-
zukochen. Mit Salz und Pfeffer würzen.

TIPP

*Die Grillwürste kann man auch
prima mit Zwiebeln und Senf als
Hotdog servieren.*

schaschlik
MIT MANGOSAUCE

Schweinenacken, zünftig auf Spieße gesteckt und mit einer fruchtigen Sauce serviert, kommt immer gut an und macht richtig satt.

Temperatur: 180 °C direkt | mit geschlossenem/offenem Deckel

ZUTATEN
4 Portionen

SPIESSE
800 g Schweinenacken
Saft von 2 Zitronen
Salz und Pfeffer
je 1 gelbe und rote
   Paprika
2 rote Zwiebeln
Rapsöl

MANGO-CURRY-SAUCE
250 g Tomatenmark
   (3-fach konzentriert)
5 EL Olivenöl
1 EL Madras-Currypulver
500 ml Cola
1 reife Mango
2 Dosen gehackte Tomaten
   (je 400 g)
Salz und Pfeffer

AUSSERDEM
8 Holz- oder Metallspieße
Frühlingszwiebelgrün
   (nach Belieben)

ZUBEREITUNG

Das Fleisch in Stücke schneiden (etwa 3–4 cm Kantenlänge), in eine Schüssel legen und mit Zitronensaft beträufeln. Salzen und pfeffern. Anschließend 3 Stunden abgedeckt in den Kühlschrank stellen. Die Spieße, sofern aus Holz, in der Zwischenzeit wässern.

Die beiden Paprika halbieren, entkernen, Trennhäute entfernen und waschen. Zwiebeln schälen.

Für die Mango-Curry-Sauce das Tomatenmark mit Olivenöl und Currypulver in einem Topf 2 Minuten anrösten, danach mit Cola ablöschen. Mango halbieren, entsteinen und schälen. Das Fruchtfleisch würfeln. Mit den gehackten Tomaten hinzugeben und 3 Minuten köcheln. Das Ganze pürieren und mit Salz und Pfeffer abschmecken.

Den Grill für 180 °C direkte Hitze vorbereiten. Paprika und Zwiebeln klein schneiden, zum Fleisch in die Schüssel geben und mit einem Schuss Rapsöl gut durchmischen. Anschließend Fleisch und Gemüse auf die Spieße stecken.

Die Spieße auf den Grillrost legen und von allen Seiten insgesamt 10 Minuten grillen. Zum Servieren mit der Mango-Curry-Sauce überziehen. Nach Belieben mit klein geschnittenem Frühlingszwiebelgrün bestreuen.

TIPP
Die Zusammensetzung der Spieße ist natürlich Geschmackssache und kann beliebig variiert werden.

BACON *Bombs*

Kleine, feine Hackbällchen, umwickelt von Bacon!
Was für eine großartige Schweinerei ...

Temperatur: ca. 220 °C direkt/indirekt | bei offenem Deckel/Ruhezeit bei geschlossenem Deckel

ZUTATEN
4 Portionen

1 Brötchen oder
  2 Scheiben Toast
1 Zwiebel
1 Knoblauchzehe
½ Bund glatte Petersilie
2 Stängel Majoran
600 g gewürztes
  Schweinehackfleisch
1 Ei (Größe M)
1 EL Steinpilzpulver
1 EL Ketchup
1 EL Senf
Salz und Pfeffer
12 Scheiben Frühstücks-
  speck
4 Zweige Rosmarin

AUSSERDEM
4 Stücke Schweinenetz
  (vom Metzger)
feuerfestes Garn

ZUBEREITUNG

Brötchen oder Toastbrot in Wasser einweichen und anschließend ausdrücken. Zwiebel und Knoblauch schälen und fein würfeln bzw. schneiden. Petersilie und Majoran waschen und trocken schütteln. Petersilie samt Stängeln und die Majoranblättchen fein hacken. Hackfleisch, Ei, Zwiebel, Knoblauch, Kräuter, Steinpilzpulver, Ketchup, Senf und Brötchen miteinander vermengen. Mit Salz und Pfeffer abschmecken.

Das Schweinenetz in einer Schöpfkelle (300 ml) platzieren, mit je 3 Speckscheiben auslegen und mit der Hackmasse füllen. Vorsichtig zusammenklappen. Das Schweinenetz oben eindrehen und mit Garn zubinden.

Die Bacon Bombs 5 Minuten bei direkter Hitze (ca. 220 °C) und anschließend 35 Minuten im Ruhebereich bei geschlossenem Deckel grillen. Mit Rosmarin garnieren und anrichten.

TIPP
Sie können die Bombs mit allem Möglichen füllen. Das Schweinenetz und der Bacon sorgen dafür, dass sie perfekt zusammenhalten.

LAMMHACK-spieße
AUF ROTEM COLESLAW

> *Beim Lesen der Zutatenliste kann man dieses Gericht schon förmlich riechen. Ein orientalischer Zauberschmaus in winterlichem Gewand.*

Temperatur: 250–300 °C direkt/indirekt | mit offenem Deckel/breite Grillspieße

ZUTATEN
4 Portionen

LAMMHACKSPIESSE
je 1 Bund Koriandergrün
   und Minze
1 grüne Chilischote
1 Bio-Zitrone
2 Knoblauchzehen
1 TL Currypulver
2 TL gemahlener
   Kreuzkümmel
Olivenöl
1 kg Lammhackfleisch
Salz und Pfeffer

COLESLAW
1 kg roter Spitzkohl
2 Frühlingszwiebeln
1 grüner Apfel
2 Stangen Staudensellerie
1 kleines Bund Petersilie
1 EL Haselnusskerne
2 EL Zitronensaft
1 TL Dijon-Senf
2 EL Salatmayonnaise
1 Msp. gemahlener Zimt
1 Schuss Buttermilch

ZUBEREITUNG

Für die Lammhackspieße Koriander und Minze waschen, trocken schütteln, die Blätter abzupfen und fein hacken. Die Chili waschen, entkernen und fein würfeln. Die Zitrone heiß waschen, die Schale abreiben, den Knoblauch schälen und durch eine Knoblauchpresse drücken. Diese und alle restlichen Zutaten mit dem Lammhackfleisch vermengen, mit 2 TL Salz und etwas Pfeffer würzen. Je nach Größe der Spieße eine entsprechende Menge der Fleischmasse direkt auf Spieße kneten und mit den Fingern ein Riffelmuster formen.

Für den Coleslaw den Spitzkohl waschen, halbieren, Strunk und die äußeren Blätter entfernen und in dünne Streifen schneiden. Die Frühlingszwiebeln waschen, putzen, in Ringe schneiden, Apfel waschen und raspeln, Staudensellerie in kleine Würfel schneiden, Petersilie waschen, trocken schütteln und die Blättchen fein hacken. Die Haselnüsse kurz in einer Pfanne ohne Fett anrösten, dann grob hacken. Alle Zutaten zusammenfügen und gut durchmischen. Mit Salz und Pfeffer abschmecken. Bis zum Servieren ziehen lassen.

Den Grill auf direkte Hitze vorbereiten. Die Lammhackspieße mit etwas Öl einpinseln, von beiden Seiten scharf angrillen, dann für ca. 4 Minuten bei indirekter Hitze fertig grillen. Zum Servieren den Coleslaw flach auf Tellern oder einer Platte anrichten und die Lammhackspieße obenauf legen. Nach Belieben mit gehackten Kräutern bestreuen.

MERGUEZ *Dogz*

*Dieser Hotdog präsentiert sich wie ein Spaziergang über den Weihnachtsmarkt.
Er schmeckt aber ebenso gut auf der heimischen Terrasse.*

Temperatur: 250–300 °C direkt | mit offenem Deckel

ZUTATEN
6 Portionen

2 rote Zwiebeln
neutrales Pflanzenöl
Salz und Pfeffer
Glühwein
250 g Rinderhackfleisch
1 EL Tomatenmark
1 EL Rosinen
2 Msp. gemahlener Zimt
100 g passierte Tomaten
4 EL saure Sahne
1 TL Dijon-Senf
200 g Cheddar
2 Senfgurken (Glas)
12 Merguez-Würstchen
   (rohe Lammwürstchen)
6 Hotdog-Buns (Brötchen)

AUSSERDEM
Grillpfanne

ZUBEREITUNG

Grill auf direkte Hitze vorbereiten. Zwiebeln schälen und in Ringe schneiden. Grillpfanne auf den Grillrost stellen und die Zwiebelringe in etwas Pflanzenöl anschwitzen, salzen und pfeffern. Mit einem guten Schuss Glühwein ablöschen und 10 Minuten offen einköcheln, bis die Flüssigkeit fast verdampft ist. Zwiebeln in eine Schüssel umfüllen, beiseitestellen.

In derselben Pfanne das Hackfleisch mit etwas Pflanzenöl anrösten. Tomatenmark und Rosinen zufügen, 1 Minute weiterrösten, etwas Salz und Zimt zufügen, dann mit den passierten Tomaten ablöschen. 10 Minuten offen einköcheln lassen.

Die saure Sahne mit Dijon-Senf glatt rühren. Cheddar reiben. Senfgurken in feine Würfel schneiden. Die Merguez von beiden Seiten 3–4 Minuten grillen, bis sie schön gebräunt sind. Hotdog-Buns kurz rösten.

Den Cheddar auf den warmen Brötchen verteilen, dann etwas Hackfleisch und je 2 Merguez-Würstchen dazugeben, nach Geschmack mit der Sauerrahm-Senf-Sauce überziehen. Das Ganze mit den Zwiebeln und den gehackten Senfgürkchen toppen.

FRUCHTIGE
CHICKEN-*spieße*

Mageres, gesundes Hähnchenfleisch, mit Nektarinen und Pimientos aufgespießt
und in eine leckere Sauce gedippt: Gibt es etwas Schöneres?

Temperatur: 200 °C indirekt | mit geschlossenem/offenem Deckel

ZUTATEN
4 Portionen

SWEET-CHILI-SAUCE
2 Chilischoten
2 Knoblauchzehen
1 TL frisch geriebener Ingwer
120 ml Reisessig (oder
    Aceto balsamico bianco)
180 g brauner Zucker
1 TL Paprikapaste
Salz
1 TL Speisestärke

SPIESSE
4 Hähnchenbrustfilets
    (je etwa 150 g)
2–3 Nektarinen
8 Pimientos (grüne
    Bratpaprika)
8 Stängel Zitronengras
Rapsöl
Salz
1 EL gehacktes
    Koriandergrün
Saft von 1 Limette

ZUBEREITUNG

Für die Sweet-Chili-Sauce Chilischoten waschen, fein hacken, Knoblauch schälen und durch eine Presse drücken. Mit dem Ingwer in einen Topf geben und mischen. Reisessig, Zucker, Paprikapaste und 1 TL Salz zufügen und unter Rühren erhitzen, bis der Zucker sich vollständig aufgelöst hat. Speisestärke in 2 EL Wasser auflösen und unter die Sauce rühren, nochmals kurz aufkochen, umfüllen und auskühlen lassen.

Für die Spieße den Grill auf 200 °C indirekte Hitze vorbereiten. Hähnchenbrustfilets trocken tupfen und in mundgerechte Stücke schneiden. Nektarinen waschen, halbieren, entsteinen und ebenfalls in mundgerechte Spalten schneiden. Pimientos waschen und die Stängelansätze herausschneiden.

Hähnchen, Nektarinen und jeweils 1 Pimiento auf die Zitronengrasstängel spießen, mit Rapsöl bestreichen und leicht salzen. Die Spieße auf den Grillrost legen und von beiden Seiten je etwa 5 Minuten grillen. Kurz vor Ende der Grillzeit mit der Sweet-Chili-Sauce bestreichen, nochmals wenden und einige Minuten weitergrillen. Zum Servieren mit fein gehacktem Koriandergrün bestreuen und mit Limettensaft beträufeln. Die restliche Sauce zum Dippen dazu servieren.

TIPP

Übrig gebliebene Sauce in einer verschließbaren Flasche kühl aufbewahren.

CHICKEN JERK AUF
Ginger BEER

Chicken Jerk kommt aus Jamaika, und es gibt unzählige Rezepte dazu.
Hier wurde es – nicht ganz original – auf Ginger Beer gepackt.

Temperatur: 180–200 °C indirekt | mit geschlossenem Deckel

ZUTATEN
4 Portionen

1 Hähnchen (1–1,4 kg)

MARINADE
1 Chilischote
1 Knoblauchzehe
1 walnussgroßes Stück
    frischer Ingwer
1 Stängel Zitronengras
abgeriebene Schale von
    1 Bio-Orange
abgeriebene Schale von
    1 Bio-Zitrone
2 EL hochwertiges
    Pflanzenöl
1 Msp. gemahlene Nelke
1 Msp. gemahlener Zimt
Salz und Pfeffer

AUSSERDEM
1 Dose Ginger Beer
Thymian
4 Zimtstangen

ZUBEREITUNG

Die Chilischote waschen und in Ringe schneiden. Die Knoblauch-zehe und den Ingwer schälen und ebenso wie das Zitronengras fein hacken. Chili, Knoblauch, Ingwer und Zitronengras gut mit den restlichen Zutaten für die Marinade verrühren. Mit Salz und Pfeffer abschmecken. Das Hähnchen komplett damit einreiben und es an-schließend salzen.

Die Bierdose öffnen und ein Viertel davon austrinken. Dann das Hähnchen über die Dose stülpen. Das Ganze auf den Grillrost stellen und bei geschlossenem Deckel etwa 40 Minuten indirekt grillen (180–200 °C).

Das Hähnchen vorsichtig von der Dose nehmen, tranchieren und, mit Thymian und Zimtstangen garniert, anrichten.

FLANK *steak*

Zünftig und ohne großen Schnickschnack stillt dieses zarte Flanksteak den großen Grillhunger auf gutes Fleisch.

Temperatur: 250–300 °C direkt | mit geschlossenem/offenem Deckel

ZUTATEN
4 Portionen

1 großes Flanksteak
   (800–1000 g)
Fleur de Sel
grob zerstoßener Pfeffer
1 TL zerbröselte rosa
   Pfefferbeeren

ZUBEREITUNG

Den Grill auf 250–300 °C direkte Hitze vorbereiten.

Das Flanksteak (Zimmertemperatur!) ggf. von Sehnen befreien und trocken tupfen. Anschließend von beiden Seiten je 2–3 Minuten grillen, dann noch einmal wenden. Für ein schönes Cross-Branding um 45 Grad versetzt jeweils 1 weitere Minute fertig grillen.

Fleisch vom Rost nehmen und in Alufolie 5 Minuten ruhen lassen. Anschließend in Tranchen schneiden, mit Fleur de Sel, grob zerstoßenem Pfeffer und rosa Pfefferbeeren bestreuen.

TIPP
Vor dem Servieren das Steak mit zerlassener brauner Butter bestreichen – extra saftig!

DRY AGED
Tomahawk
AUS DER GLUT

Es wird vermutlich das beste Beef Ihres Lebens. Auch wenn es etwas Mut erfordert, dieses edle Stück Fleisch direkt in der Glut zu garen. Aber wer nicht wagt ...

Temperatur: 250–300 °C direkt/indirekt | mit offenem Deckel

ZUTATEN
4 Portionen

1 Dry Aged Tomahawk
   Beefsteak (1,2–1,5 kg)
30 g Butter
1 Knoblauchzehe
Fleur de Sel und Pfeffer

ZUBEREITUNG

Den Grill auf direkte Hitze vorbereiten. Unbedingt normale, unbehandelte Holzkohle verwenden – keine Briketts!

Sobald die Holzkohle durchgeglüht ist, die oberste Ascheschicht wegpusten oder abwedeln und das Steak direkt auf die Glut legen. Nach 5 Minuten wenden. Die eventuell hängen gebliebene Holzkohle zuvor vom Fleisch entfernen und die Holzkohle im Grill etwas umschichten.

Nach weiteren 5 Minuten das Fleisch aus der Glut nehmen, mit einem Grillthermometer versehen und den Grill auf indirekte Hitze vorbereiten. Das Fleisch auf den Rost legen, bis eine Kerntemperatur von 55 °C erreicht ist.

Vor dem Servieren Butter in einem kleinen Topf schmelzen, bis sie brutzelt. Knoblauchzehe schälen, halbieren und zufügen. Topf von der Hitze nehmen. Das Fleisch tranchieren, mit etwas flüssiger Butter überziehen und mit Fleur de Sel und Pfeffer würzen.

SCHWEINEBAUCH MIT apfel
UND HONIG-BALSAMICO-ZWIEBELN

Ja, ich grill! Könnte man ein Grillgericht heiraten, käme dieses hier sicher in die engere Wahl. Zum Niederknien!

Temperatur: 220°C indirekt | mit geschlossenem Deckel

ZUTATEN
4 Portionen

RUB
1 EL schwarzer Pfeffer
1 EL grobes Meersalz
1 EL brauner Zucker
1 TL Koriandersamen
1 TL Anissamen
1 Msp. gemahlener Zimt
1–1,5 kg Schweinebauch

EINGELEGTE ZWIEBELN
400 g Schalotten
1 kleines Lorbeerblatt
1 Thymianzweig
150 ml Aceto balsamico
 bianco
75 ml Rotwein
150 g Honig

GLASUR
750 ml naturtrüber Apfelsaft
4 EL Apfelessig
1 EL Honig
2 EL brauner Zucker

RÄUCHERCHIPS
2 Handvoll Apfelholz-Chips
500 ml Apfelsaft

ZUBEREITUNG

Die Zutaten für den Rub vermörsern, den Schweinebauch rundherum großzügig damit einmassieren, in Frischhaltefolie einwickeln und für 2 Stunden im Kühlschrank ruhen lassen.

Inzwischen die Schalotten schälen und in einen Topf geben. Kräuter waschen. Essig, Rotwein, Honig, Lorbeerblatt und Thymian zufügen, kurz alles aufkochen und die Zwiebeln in der Flüssigkeit abkühlen lassen.

Für die Glasur den Apfelsaft mit Essig, Honig und Zucker aufkochen, dann bei mittlerer Hitze auf etwa ein Viertel der Menge einkochen, abkühlen lassen.

Die Räucherchips mit Saft in einen Topf geben, kurz aufkochen und 1 Stunde abkühlen lassen. Räucherchips abseihen.

Den Grill auf 220°C Hitze aufheizen, Apfelchips direkt auf die Glut geben (alternativ eine Räucherbox verwenden) und den Schweinebauch indirekt je 10 Minuten von beiden Seiten räuchern. Grill auf 140°C runterregulieren und je 45 Minuten von beiden Seiten und bei geschlossenem Grilldeckel fertig grillen. Während der zweiten 45 Minuten immer wieder mit der Glasur bestreichen. Den Schweinebauch in dünne Tranchen schneiden und mit den eingelegten Zwiebeln servieren.

DORADE MIT

CHILI-STAMPF

*Dorade, auch Goldbrasse genannt, verbindet man immer mit Urlaub. Deshalb
wurde sie mit Urlaubsaromen aus dem Süden gefüllt und gegrillt.*

Temperatur: ca. 220 °C indirekt | mit geschlossenem Deckel

ZUTATEN
4 Portionen

300 g mehligkochende
   Kartoffeln
Salz
4 Doraden (ca. 300 g,
   küchenfertig)
1 Knoblauchzehe
1 Chilischote
100 g schwarze Oliven
   (ohne Stein)
8 Zweige Thymian
8 EL Olivenöl
Saft und abgeriebene Schale
   von 1 Bio-Zitrone
Pfeffer

AUSSERDEM
großer Edelstahl-Fischkorb

ZUBEREITUNG

Die Kartoffeln schälen und in Salzwasser weich kochen, das Wasser
abgießen und die Kartoffeln zu Püree stampfen.

Die Doraden auf der Haut zwei- bis dreimal einschneiden und
kräftig mit Salz würzen.

Die Knoblauchzehe schälen, fein hacken und in einer Pfanne
ohne Öl anrösten. Die Chilischotewaschen, putzen und ebenfalls
fein hacken, die Oliven in Scheiben schneiden und den Thymian
waschen, trocken schütteln und klein zupfen.

Olivenöl, Knoblauch, Chili, die Hälfte des Thymians, Abrieb und
Saft der Zitrone und die Oliven unter das Püree heben. Die Doraden anschließend mit der Masse füllen.

Die gefüllten Fische in den Fischkorb legen und von jeder Seite
5–6 Minuten bei geschlossenem Deckel und indirekter Hitze
(220 °C) grillen.

Die Doraden auf Tellern anrichten, gut pfeffern und mit dem restlichen Thymian und gutem Olivenöl servieren.

TIPP

*Zu diesem Gericht können Sie
als Beilage frischen Kopfsalat mit
Sauerrahmdressing servieren.*

JAKOBSMUSCHELN

AUS DER *Glut*

> *Rustikale Zubereitung, feinster Geschmack. Eine derartig schicke Vorspeise lebt von ihren Kontrasten. Ein Happs, und weg ist sie. Gibt's noch mehr davon?*

Temperatur: ca. 200°C direkt/indirekt | mit offenem Deckel

ZUTATEN
4 Portionen

1 Fenchelknolle
Olivenöl
4 Scheiben luftgetrockneter
   Schinken (z. B. Parma-
   schinken)
1 Blutorange
1 TL Honig
1 Spritzer Limettensaft
Salz und Pfeffer
12 frische Jakobsmuscheln
   mit Schale (küchenfertig,
   ohne Rogen)
geräuchertes Paprikapulver
Fleur de Sel
etwas Kresse zum Garnieren

ZUBEREITUNG

Holzkohlegrill vorbereiten. Fenchelknolle waschen, das Grün abschneiden, hacken und beiseitelegen. Fenchelknolle längs in der Mitte zerteilen, mit 1 EL Olivenöl bestreichen und mit der Schnittkante auf den heißen Grillrost legen, bis sich Röstspuren bilden. Vom Rost nehmen und zur Weiterverarbeitung beiseitelegen.

Parmaschinken auf einer Grillmatte oder in einer Grillschale für 1–2 Minuten kross grillen, auf Küchenpapier abkühlen lassen. Blutorange bis auf das Fruchtfleisch schälen, Filets herausschneiden und diese grob zerteilen. Aus Honig, 2 EL Olivenöl, Limettensaft, Salz und Pfeffer eine Marinade herstellen. Die angegrillte Fenchelknolle in sehr dünne Scheiben schneiden oder hobeln. Die Orangenstücke und Fenchelgrün hinzufügen und mit der Marinade übergießen. Abschmecken und ziehen lassen.

Die tiefen Muschelschalenhälften unter fließendem Wasser säubern und trocken tupfen. Das Muschelfleisch mit etwas Öl bestreichen, mit etwas geräuchertem Paprikapulver und Fleur de Sel bestreuen. Die Muschelschalen leicht in die Glut drücken. Muschelfleisch hineinlegen und von beiden Seiten je 1–2 Minuten garen, dann in Alufolie hüllen und 2 Minuten ruhen lassen.

Die Muschelschalen aus der Glut nehmen, kurz abkühlen lassen, Asche etwas abklopfen. Fenchel-Blutorangen-Salat auf die Muschelschalen verteilen. Muschelfleisch im Ganzen oder in kleinen Stücken obenauf legen. Mit Kresse garnieren.

THUNFISCH-TATAKI <u>MIT</u>

ZWIEBEL-MARMELADE

Ein Tataki zeichnet aus, dass es von außen sehr heiß und scharf angegrillt wird und innen roh ist. Genauso ist es perfekt gemacht.

Temperatur: ca. 240 °C direkt | mit offenem Deckel

ZUTATEN
4 Portionen

4 Schalotten
1 Knoblauchzehe
1 Frühlingszwiebel
1 rote Paprika
400 g Thunfischloins
   in Sashimi-Qualität
Salz
120 ml Olivenöl
60 g Zucker
40 g Wasabi-Paste
Sojasauce

AUSSERDEM
gusseiserne Pfanne

ZUBEREITUNG

Den Grill auf 240 °C direkte Hitze vorbereiten.

Die Schalotten und Knoblauch schälen und in feine Streifen schneiden. Frühlingszwiebel und Paprika waschen, putzen und ebenfalls in feine Streifen schneiden.

Die Thunfischloins salzen und von jeder Seite etwa 20 Sekunden direkt (ca. 240 °C) grillen. Die Thunfischloins in 5 mm dicke Scheiben schneiden.

Olivenöl in eine Pfanne geben und diese auf den Grill stellen. Darin Schalotten, Knoblauch und Zucker karamellisieren lassen, den Wasabi hinzugeben und mit einem guten Schuss Sojasauce ablöschen. Die Pfanne vom Grill nehmen.

Die Thunfisch-Scheiben auf einem Teller schön anrichten, die Wasabi-Zwiebel-Marmelade daraufgeben und mit den Fühlingszwiebel- und Paprikastreifen garnieren.

GEFÜLLTE *Kalmare* MIT BLUTWURST

Kalmar und Blutwurst würden sich in der freien Wildbahn vermutlich nie begegnen. In diesem Buch tun sie es sehr wohl. Was für ein Paar!

Temperatur: 200°C direkt | mit offenem Deckel

ZUTATEN
4 Portionen

1 Schalotte
1 Knoblauchzehe
120 g geräucherter
   Bauchspeck
Olivenöl
350 g mittelfeste Blutwurst
1 Bio-Zitrone
4 Tuben vom Kalmar
   (küchenfertig)
geräuchertes Paprikapulver
4 Scheiben Sauerteigbrot
Butter zum Bestreichen
1 Handvoll Wildkräuter
Salz und Pfeffer

AUSSERDEM
Grillpfanne oder -platte
Metallspieße

ZUBEREITUNG

Den Grill auf direkte, mittlere Hitze vorbereiten.

Schalotte und Knoblauch schälen und zusammen mit dem Bauchspeck fein würfeln. Etwas Olivenöl in die Grillpfanne bzw. auf die Grillplatte geben, Speck, Schalotte und Knoblauch zufügen und anschwitzen. Blutwurstbrät aus dem Wurstdarm drücken, dazugeben und mit einem Pfannenwender alles vermischen. Zitrone heiß waschen, abtrocknen, Schale abreiben und ebenfalls zufügen. Dann das Brät in eine Schüssel füllen und abkühlen lassen.

Die Kalmar-Tuben waschen und trocken tupfen. Blutwurstfüllung in einen Gefrierbeutel geben, eine Ecke abschneiden und das Brät in die Tuben drücken. Da sie sich beim Grillen etwas zusammenziehen, die Tuben nicht zu voll machen. Die Öffnung mit einem Metallspieß verschließen.

Den Grill auf 200°C direkte Hitze vorbereiten. Gefüllte Kalmar-Tuben mit etwas Olivenöl bestreichen und mit geräuchertem Paprikapulver würzen. Die Tuben von beiden Seiten 5–7 Minuten grillen, bis sich Grillspuren gebildet haben. Die Tuben vom Grill nehmen und etwas abkühlen lassen.

Zum Servieren das Sauerteigbrot mit Butter bestreichen und die gewaschenen Wildkräuter darauf verteilen. Die Kalmar-Tuben mit einem scharfen Messer in Scheiben schneiden und die Brote damit belegen. Nach Geschmack mit Salz und Pfeffer würzen.

GEGRILLTES
Cheese—
SANDWICH

Sandwich-Freunden kann dieses leckere Exemplar einfach nur wärmstens ans Herz gelegt werden. Perfektes Wohlfühl-Essen.

Temperatur: 200°C indirekt | mit offenem Deckel

ZUTATEN
4 Portionen

500 g Waldpilze (alternativ
   Kräuterseitlinge)
Salz
neutrales Pflanzenöl
2 TL Zitronensaft
8 Scheiben frisches
   Weißbrot oder Ciabatta
50 g weiche Butter
200 g Gruyère oder
   Bergkäse
1 Zwiebel
2 Stängel glatte Petersilie
Pfeffer

AUSSERDEM
Trüffelöl

ZUBEREITUNG

Die Pilze putzen und längs in nicht zu dünne Scheiben schneiden, leicht salzen und mit etwas Pflanzenöl und Zitronensaft beträufeln. Durchmischen und abgedeckt 30 Minuten ziehen lassen.

Den Grill auf 200 °C indirekte Hitze vorbereiten.

Die Weißbrotscheiben großzügig von beiden Seiten mit der weichen Butter bestreichen. Den Käse reiben. Die Zwiebel schälen und in Ringe schneiden. Petersilie waschen, trocken schütteln und grob hacken. Mit dem Käse vermischen und anschließend auf 4 Brotscheiben verteilen.

Die marinierten Pilzscheiben und die Zwiebelringe jeweils 1–2 Minuten von beiden Seiten angrillen. Auf die mit Käse bedeckten Brotscheiben verteilen, falls zur Hand, mit etwas Trüffelöl beträufeln. Mit den vier übrigen Brotscheiben zusammenklappen. Die Sandwiches auf den Grill legen und beide Seiten 4 Minuten grillen.

Zum Servieren die Sandwiches diagonal zerteilen, mit etwas Pfeffer bestreuen.

SOMMERLICHES ANTIPASTI-
Gemüse

Klassisch und immer wieder gut ist dieses bunte Sommergemüse mit einer herrlichen Kräuter-Balsamico-Marinade.

Temperatur: etwa 200 °C direkt | mit geschlossenem oder offenem Deckel

ZUTATEN
4 Portionen

GEMÜSE
2 rote Paprika
2 Zucchini
2 rote Zwiebeln
2 Fenchelknollen

MARINADE
1 Zweig Rosmarin
1 Zweig Thymian
1 Knoblauchzehe
1 Chilischote
300 ml Olivenöl
100 ml Aceto balsamico
Salz und Zucker

ZUBEREITUNG

Für das Gemüse die Paprika halbieren, putzen, waschen und in grobe Stücke schneiden. Zucchini waschen und ebenfalls in grobe Stücke schneiden. Zwiebeln schälen und grob zerkleinern. Fenchel putzen, waschen und in grobe Stücke schneiden.

Für die Marinade Rosmarin und Thymian waschen, trocken schütteln und hacken. Knoblauchzehe schälen und hacken. Chilischote waschen, entkernen und hacken.

Olivenöl, Aceto balsamico, 1 EL Rosmarin, 1 EL Thymian, ½ EL Knoblauch, ½ TL Chilischote, etwas Salz und Zucker zu einer Marinade verrühren. Das Gemüse mit der Marinade mischen und 60 Minuten marinieren.

Den Grill auf etwa 200 °C anheizen und das Gemüse bei direkter Hitze in 5–10 Minuten auf dem Rost knackig grillen.

SÜSSKARTOFFELN MIT Pilzpaste

UND CURRY-TOMATENSALAT

Herzhaft, pikant und mit einer milden Schärfe überzeugt dieses Rezept auch Fleischliebhaber.

Temperatur: etwa 200 °C indirekt | mit geschlossenem Deckel

ZUTATEN
4 Portionen

SÜSSKARTOFFELN
4 Süßkartoffeln
Salz
Olivenöl
250 g gemischte Pilze
1 Zweig Rosmarin
1 Zweig Thymian
1 Chilischote
250 g saure Sahne
1 Ei (Größe M)
Pfeffer
1 TL Currypulver

CURRY-TOMATENSALAT
800 g Strauchtomaten
1 Zwiebel
1 Handvoll Koriandergrün
Salz
Olivenöl
Aceto balsamico bianco
Currypulver

AUSSERDEM
feuerfeste Pfanne

ZUBEREITUNG

Süßkartoffeln gründlich waschen und trocken tupfen, anschließend halbieren, kräftig salzen und, mit einem Schuss Olivenöl beträufelt, in Alufolie wickeln. Süßkartoffeln bei direkter Hitze in etwa 15 Minuten weich grillen. Süßkartoffeln auswickeln und das Fruchtfleisch leicht nach innen drücken, sodass eine Mulde entsteht.

Die Pilze gründlich putzen und fein würfeln. Rosmarin und Thymian waschen, trocknen, hacken, je 1 TL in die feuerfeste Pfanne geben und die Pilzwürfel auf dem Grill anbraten. In der Zwischenzeit Chilischote waschen und putzen. Anschließend saure Sahne mit Ei, gebratenen Pilzen und Chilischote vermengen. Mit Salz, Pfeffer und etwas Currypulver nach Belieben abschmecken.

Die Pilz-Sauerrahm-Masse in die Süßkartoffelmulden füllen. Süßkartoffeln bei indirekter Hitze, auf der Schalenseite, bei etwa 200 °C und geschlossenem Deckel grillen, bis die Pilz-Sauerrahm-Masse fest wird.

Für den Tomatensalat Tomaten waschen, ggf. die Stängelansätze entfernen, halbieren und in Würfel schneiden. Zwiebel schälen und fein würfeln. Koriander waschen, trocken schütteln und hacken. In einer Schüssel Zwiebelwürfel, 1 EL Koriander, Salz, Olivenöl und Essig zu einem Dressing verrühren und mit Curry abschmecken. Gewürfelte Tomaten zu dem Dressing geben und ziehen lassen. Gefüllte Süßkartoffeln mit dem Salat anrichten und servieren.

VERKOHLTER
Lauch

Ein so unverschämt gutes Wintergrillrezept, dass man glatt vergessen könnte,
kein Vegetarier zu sein. Zum Reinlegen!

Temperatur: 160°C direkt/indirekt | mit geschlossenem Deckel

ZUTATEN
4 Portionen

ROTE-BETE-SALSA
4 mittelgroße Rote Beten
Salz und Pfeffer
Olivenöl
Apfelsaft
Aceto balsamico
1 TL Zucker
½ TL gemahlener
    Kreuzkümmel
1 säuerlicher Apfel
1 Frühlingszwiebel
1 kleines Bund Petersilie

DIP
200 g saure Sahne
Zitronensaft
½ TL geräuchertes
    Paprikapulver
2 große Stangen Lauch

ZUBEREITUNG

Den Grill auf 160 °C indirekte Hitze vorbereiten.

Rote Beten waschen, trocknen und halbieren. Je zwei Hälften in ein vorbereitetes Schiffchen aus Alufolie legen, etwas salzen und pfeffern. Aus je 2 EL Olivenöl, Apfelsaft, Balsamico, Zucker und dem Kreuzkümmel eine Marinade rühren und löffelweise über die Roten Beten geben. Die 4 Aluschiffchen verschließen und etwa 1 Stunde bei geschlossenem Grilldeckel garen.

Die fertig gegarten Rote-Bete-Knollen aus den Schiffchen nehmen. Garsud auffangen. Die Knollen schließlich schälen und würfeln. Den Apfel waschen, fein reiben oder würfeln, Frühlingszwiebel waschen, putzen und in feine Ringe schneiden, Petersilie waschen, trocken schütteln und fein hacken. Nun alles zusammenfügen, Garsud löffelweise untermischen, mit Salz und Pfeffer abschmecken. Ziehen lassen.

Saure Sahne mit etwas Zitronensaft, geräuchertem Paprikapulver, Salz und Pfeffer würzen. Bereitstellen.

Den Grill nun auf direkte Hitze vorbereiten. Die beiden Lauchstangen waschen, auf den Rost legen und 20–30 Minuten grillen, bis sie deutlich verkohlte Stellen aufweisen. Vom Rost nehmen, in 10 cm lange Stücke schneiden und mittels eines Längsschnittes den inneren Kern freilegen.

Rote-Bete-Salsa auf Tellern anrichten und mit je zwei Lauchstücken und der sauren Sahne servieren.

FENCHELSALAT AUS DEM Dutch OVEN

> *Dieser Wintersalat hat es in sich und stellt so manches andere in den Schatten.*
> *Ein echtes Kraftpaket für Gaumen und Immunsystem.*

Temperatur: etwa 200 °C direkt │ im Dutch Oven

ZUTATEN
4 Portionen

1 Zwiebel
4 Fenchelknollen
4 Orangen
1 Bund Rucola
1 Knoblauchzehe
1 Zweig Rosmarin
4 EL Olivenöl
1 TL Currypulver
1 TL Schwarzkümmelsamen
Salz

AUSSERDEM
1 Dutch Oven

ZUBEREITUNG

Die Holzkohle durchglühen lassen. In der Zwischenzeit Zwiebel schälen, halbieren und in Streifen schneiden. Fenchelknollen putzen, waschen und in grobe Stücke schneiden. Orangen so schälen, dass die weiße Haut mit entfernt wird, anschließend das Fruchtfleisch filetieren, den Saft dabei auffangen. Rucola waschen, trocken schütteln und grob hacken. Knoblauch schälen und hacken. Rosmarin waschen, trocken schütteln und hacken.

Den Fenchel mit Olivenöl, Zwiebel, etwa ½ EL Knoblauch, etwa 1 EL Rosmarin, Currypulver, Schwarzkümmel und etwas Salz mischen.

Den Dutch Oven auf die glühende Kohle stellen, den Fenchel hineingeben und mit dem Orangensaft beträufeln. Deckel des Dutch Oven schließen, glühende Kohle auf dem Deckel verteilen und den Fenchel in etwa 15–20 Minuten weich schmoren lassen. Sobald der Fenchel weich ist, Orangenfilets und Rucola untermengen und warm servieren.

SCAMORZA IM Weinblatt

Die Wood-Blätter sind schon ein echter Hingucker auf dem Grill und erst beim Auswickeln offenbaren sie ihr köstliches Inneres.

Temperatur: etwa 200 °C indirekt | mit geschlossenem Deckel

ZUTATEN
4 Portionen

16 große eingelegte
   Weinblätter (Glas)
800 g Scamorza
   (geräucherter Mozzarella)
4 TL Honig
grober Pfeffer
2 getrocknete Tomaten

AUSSERDEM
8 Stücke Wood Paper
Küchengarn

ZUBEREITUNG

Das Wood Paper mindestens 20 Minuten in Wasser einweichen. Währenddessen den Grill auf 200 °C indirekte HItze vorbereiten.

Die Weinblätter aus dem Glas nehmen und in einem Sieb abtropfen lassen. Scamorza in Stücke schneiden, mit Honig bestreichen und mit etwas Pfeffer bestreuen. Tomaten in Streifen schneiden.

Scamorza mit den getrockneten Tomaten in die Weinblätter einpacken, der Käse muss von den Weinblättern fest umschlossen sein, damit er während des Grillens nicht ausläuft.

Wood Paper aus dem Wasser nehmen und die Weinblattpakete darin einwickeln, mit Küchengarn zubinden.

Die Päckchen bei etwa 200 °C indirekt grillen, bis der Käse weich ist. Das dauert etwa 10–15 Minuten.

TIPP

Dazu frisches Brot und Aioli servieren. Die Weinblattpäckchen lassen sich auch direkt auf dem Grill ohne Wood Paper grillen.

stockbrot

Ein Muss, das auf dem Grill nicht fehlen darf. Es lässt sich in gemütlicher Runde zu einem Bier abzupfen und wegessen.

Temperatur: 250–300 °C direkt | mit geschlossenem/offenem Deckel

ZUTATEN
4 Portionen

115 ml Milch
1 Pck. Trockenhefe (7 g)
400 g Weizenmehl
je 1 TL Zucker und Salz
2 EL Olivenöl

AUSSERDEM
4–8 frische Holzstöcke
(z. B. vom Weiden- oder
Nussbaum)

ZUBEREITUNG

115 ml Wasser mit der Milch lauwarm erwärmen. In eine Schüssel geben und die Trockenhefe darin auflösen. Mehl mit Zucker und Salz in einer großen Schüssel mischen. Hefemischung und Olivenöl zufügen. Mit der Hand oder Küchenmaschine zu einem geschmeidigen Teig verkneten. Den Teig bestenfalls 8 Stunden, mindestens aber 4 Stunden zugedeckt in einer Schüssel gehen lassen.

Den Grill auf 250–300 °C direkte Hitze vorbereiten.

Den Teig in vier Portionen teilen und auf einer bemehlten Arbeitsfläche ausrollen, anschließend in Streifen schneiden und die Holzstöcke auf einer Länge von etwa 30 cm umwickeln. Nochmals mit Mehl bestäuben. Weitere 10 Minuten gehen lassen.

Bei direkter Hitze auf dem Grillrost backen, dabei mehrfach wenden, sodass eine gleichmäßige Bräunung entsteht.

TIPP

Klein gehackte getrocknete Tomaten oder Oliven in den Teig einarbeiten. Dazu schmecken die Grill-Butter-Sorten von Seite 63.

GEGRILLTE Brezen KNÖDEL

Knödel zu Grillfleisch? Ja, warum nicht, wenn sie so lecker wie diese schmecken!

Temperatur: 150 °C direkt | mit offenem Deckel

ZUTATEN
4 Portionen

4 Brezeln vom Vortag
1 Zwiebel
Pflanzenöl
200 ml Milch
Salz
frisch geriebene Muskatnuss
2 Eier (Größe M)
Butter

AUSSERDEM
Alufolie
Frischhaltefolie

ZUBEREITUNG

Die Brezeln in 1 cm große Stücke schneiden und in eine Schüssel legen. Zwiebel schälen und fein hacken. In etwas Öl anschwitzen. Das Ganze zu den Brezelstücken geben. Milch mit 1 TL Salz und Muskatnuss aufkochen, die Eier verschlagen, beides mit den Brezelstücken locker vermengen.

2 Blätter Alufolie mit Frischhaltefolie belegen. Knödelmasse auf die beiden Folienstücke verteilen, zu Rollen formen (Ø 5 cm) und einwickeln. An den Enden fest verdrehen.

Die Rollen etwa 30 Minuten in leicht köchelndem Wasser garen. Vollständig auskühlen lassen. Zum Grillen die Rollen in etwa 1 cm dicke Scheiben schneiden, Butter in einem Topf zerlassen und die Scheiben damit bestreichen. Bei mittlerer Hitze grillen, bis die Scheiben die gewünschte Bräunung erreichen.

TIPP

Wer mag, gibt noch etwas fein gewürfelten Speck und gehackte Kräuter in die Knödelmasse.

GEMÜSE-
Pommes

Nicht nur Kinder werden von dieser gesunden Pommes-Variante begeistert sein.
Bereiten Sie also gleich ein paar mehr zu.

Temperatur: ca. 180° C indirekt | mit geschlossenem Deckel

ZUTATEN
4 Portionen

2 Pastinaken
1 Süßkartoffel
2 Möhren
2 Rote Beten
1 kleines Bund Thymian
2 EL Rapsöl
Fleur de Sel

AUSSERDEM
Grillplatte

ZUBEREITUNG

Das Gemüse waschen, schälen und in Stifte schneiden. Bei der Roten Bete empfiehlt es sich, Handschuhe zu tragen.

Thymian waschen, trocken schütteln und die Stängel etwas zerkleinern. Pastinaken, Süßkartoffel und Möhren in eine Schüssel geben, mit etwas Rapsöl und Thymian mischen und auf ein Blech oder eine Grillplatte legen. Die Rote Bete separat marinieren, da sie das andere Gemüse im Rohzustand verfärben würde.

Bei mittlerer Hitze (etwa 180 °C) und geschlossenem Deckel 30–40 Minuten backen. Zwischendurch etwas bewegen. Vor dem Servieren mit Fleur de Sel bestreuen.

SELBST GEMACHTER
süßer senf

ZUTATEN
ca. 250 ml

120 g Senfkörner
50 ml Obstessig
75 g brauner Zucker
Salz
1 TL gehackter Thymian

ZUBEREITUNG

Die Senfkörner portionsweise in einem Mörser sehr fein vermahlen oder in einem Hochleistungsmixer fein mixen.

Essig, Zucker und 1 TL Salz in einem Topf kurz aufkochen, bis sich Salz und Zucker aufgelöst haben. Den gemahlenen Senf und den gehackten Thymian untermischen, gut verrühren und abkühlen lassen. Nach dem Quellen bis zur gewünschten Konsistenz etwas Wasser zufügen. Senf in ein steriles Gläschen füllen, mindestens 4 Stunden ziehen lassen. Wer mag, kann den Senf noch mit etwas Fruchtmus, 1 TL Kakaopulver oder anderen Kräutern verfeinern. Erlaubt ist, was schmeckt.

GEWÜRZBUTTER FÜR
Fisch

ZUTATEN
6 Portionen

125 g gesalzene Butter
   (Zimmertemperatur)
1 Bio-Zitrone
½ Knoblauchzehe
1 TL gehackter Dill
1 TL gehackte Petersilie
1 TL gehackter Estragon

ZUBEREITUNG

Butter in eine Schüssel füllen. Zitrone heiß waschen, abtrocknen und die Schale abreiben, Knoblauch schälen und durch eine Knoblauchpresse drücken. 1 TL Zitronenabrieb, gepressten Knoblauch und gehackte Kräuter zufügen, alles gut vermischen. Bis zum Servieren kühl stellen.

BASIS-RUB FÜR *Fleisch*

ZUTATEN
ca. 150 g

50 g Salz
50 g brauner Zucker
1 EL schwarze Pfefferkörner
1 EL Knoblauchpulver
1 EL Zwiebelflocken
1 EL Koriandersaat
½ TL Selleriesamen
½ TL Piment d'Espelette
1 TL edelsüßes Paprika-
   pulver

ZUBEREITUNG

Alle Zutaten mischen und portionsweise in einem Mörser vermahlen. In einem verschließbaren Glas aufbewahren.

BIER *Marinade*

ZUTATEN
ca. 600 ml

1 Schalotte
2 Knoblauchzehen
2 Frühlingszwiebeln
Salz
1 EL Honig
1 EL Senf
½ Malzbier (oder Bier)
2 EL neutrales Pflanzenöl
1 TL gemahlener
   schwarzer Pfeffer

1 TL frischer geriebener
   Ingwer
1 EL Worcestershiresauce
1 EL edelsüßes Paprikapulver
½ TL gemahlener Kümmel

ZUBEREITUNG

Schalotte und Knoblauch schälen
und fein würfeln, Frühlingszwiebel
waschen, putzen und in Ringe
schneiden. 1 TL Salz, Honig und Senf
im Bier auflösen, restliche Zutaten
zufügen und alles gut vermischen.
Marinade sofort verwenden oder
abgefüllt
im Kühlschrank lagern. Sie hält sich
ca. 3 Tage.

TOMATEN-PAPRIKA-
Marinade

ZUTATEN
ca. 500 ml

1 kleine Zwiebel

2 Knoblauchzehen

1 EL neutrales Pflanzenöl

2–3 geröstete Paprika (in Öl)

4 getrocknete Tomaten (in Öl)

400 g stückige Tomaten
  (Dose)

1 TL getrockneter Oregano

1 Bio-Orange

2 Bio-Zitronen

2 EL Obstessig

½ TL Kreuzkümmel

½ TL gemahlener
  schwarzer Pfeffer

1 TL Salz

ZUBEREITUNG

Zwiebel und Knoblauch schälen, fein hacken und im Pflanzenöl anschwitzen. Paprika und getrocknete Tomaten fein würfeln, zusammen mit den stückigen Tomaten und Oregano zu den Zwiebeln geben. Alles ca. 5 Minuten bei mittlerer Hitze einkochen.

Den Topf von der Hitze nehmen, Orange und Zitronen heiß waschen, abtrocknen, die Schale abreiben und den Saft auspressen. Je 1 TL Zitronen- und Orangenabrieb sowie den Saft in den Topf geben. Essig, Kreuzkümmel, Pfeffer und Salz unterrühren, alles pürieren. Nochmals abschmecken. Fertige Marinade sofort verwenden oder abgefüllt im Kühlschrank lagern. Gekühlt hält sie sich für ca. 2 Wochen.

SESAM *Butter*

ZUTATEN
6 Portionen

125 g gesalzene Butter
   (Zimmertemperatur)
1 EL Sesam
1 Frühlingszwiebel

ZUBEREITUNG

Die Butter in eine Schüssel füllen. Sesam in einer Pfanne ohne Fett 2–3 Minuten rösten, bis er duftet. Sesam etwas abkühlen lassen, in einem Mörser leicht zerstoßen.

Die Frühlingszwiebel waschen, putzen und in feine Ringe schneiden, zur Butter geben. Mit dem gerösteten Sesam vermischen. Bis zum Servieren kühl stellen.

HASELNUSS *Butter*

ZUTATEN
6 Portionen

125 g gesalzene Butter
   (Zimmertemperatur)
1 EL Haselnusskerne
1 TL Honig

ZUBEREITUNG

Die Butter in eine Schüssel füllen. Haselnüsse hacken, in einer Pfanne ohne Fett leicht anrösten. Etwas abkühlen lassen und mit dem Honig zur Butter geben. Alles gut vermischen. Bis zum Servieren kühl stellen.

IMPRESSUM

Bibliografische Information der Deutschen Bibliothek.

Die Deutsche Bibliothek verzeichnet diese Publikation in der deutschen Nationalbibliografie.

Detaillierte bibliografische Daten sind im Internet über http://www.d-nb.de/ abrufbar.

EIN BUCH DER EDITION MICHAEL FISCHER

1. Auflage 2021

© 2021 Edition Michael Fischer GmbH, Donnersbergstr. 7, 86859 Igling

Covergestaltung: Anna Köperl

Redaktion und Lektorat: Lena Buch

Satz: Lena Albert

Reihenlayout: Michaela Zander

Coverfoto: ©casanisa/Shutterstock

Text: S. 6–11: Guido Schmelich

Rezepte: alle Guido Schmelich, außer S. 29, 37, 41: Christoph Brand; S. 47, 49, 53, 55: Mora Fütterer

Bilder: alle Guido Schmelich, Holzkirchen b. München, außer S. 20, 28, 36, 40: Paul Ripke, Hamburg; S. 46, 48, 52, 54: Volker Debus, München

ISBN 978-3-7459-0246-4

Gedruckt bei Polygraf Print, Čapajevova 44, 08001 Prešov, Slowakei

www.emf-verlag.de